AF509859

École normale d'Inst^ces
du dépt de la Seine.
et
Cours normal libre
de
Mlles M.-V. Masson
et Le Poitevin.

Géographie.

Préparation à l'étude de la Géographie.

4°- Principaux termes employés en Géographie.

Leçon 1ère.

Géographie : — La géographie (de deux mots grecs, dont le premier veut dire terre, et le second description) est la partie des sciences naturelles qui a pour objet la description de la terre, considérée surtout comme la demeure de l'homme.

Division de la Géographie : — La géographie se divise en 4 branches principales : 1°- Géographie mathématique, 2°- Géographie physique, 3°- Géographie politique, 4°- Géographie économique.

1°- La Géographie mathématique (d'un mot grec qui veut dire science), traite des rapports de la terre avec les grands corps de l'univers ; — elle détermine sa forme générale, ses dimensions, la position de ses différents points par longitude et latitude, etc. ...

2°- La Géographie physique (d'un mot qui veut dire nature), traite de la constitution générale de la terre, de la nature du sol et de la configuration de sa surface : terres et eaux. — Les divisions qu'elle énonce sont des divisions naturelles, c'est-à-dire établies par les mers, les cours d'eau, les montagnes, etc. ;

3°- La Géographie politique (d'un mot qui veut dire ville), traite de la surface terrestre au point de vue des divisions que les hommes y ont établies ; elle énonce la grandeur et l'importance des états, la position des villes, etc. ...

4°- La Géographie économique comprend : la géographie commerciale, industrielle, minéralogique, botanique, zoologique, etc ;

Et ces 4 points de vue de la géographie : mathématique, physique, politique, économique, on peut ajouter :

    5°- La Géographie historique.   6°- La Géographie comparée.

5°- La Géographie historique indique les divisions politiques de la surface terrestre aux principales époques de l'histoire.

6°- La géographie historique prend le nom spécial de géographie comparée quand elle met en rapport les divisions actuelles avec les grandes divisions historiques.

Orographie : — (de deux mots dont l'un veut dire montagne, et l'autre description), branche de la géographie physique qui traite des élévations du sol.

Hydrographie : — (de deux mots dont l'un veut dire eau, et l'autre description) branche de la géographie physique qui traite des eaux navigables, et en particulier des mers.

Topographie : — (de deux mots grecs dont l'un veut dire lieu et l'autre description), étude géographique d'un pays, d'une région.

Forme de la terre : — Sphéroïde ellipsoïde mesurant 40.000 kilomètres de tour.

Continent ; (du latin : cum tenere, tenir ensemble) immense étendue de terre non interrompue par la mer : Les continents sont au nombre de trois : 1°- L'Ancien continent, 2°- Le Nouveau continent, 3°- L'Australie (*) (voir atlas).

(*) Les contours des continents ne sont autres que la ligne de contact des côtes avec la surface horizontale des mers.

Parties du monde : — Grandes masses terrestres plus ou moins distinctes, formant les divisions des continents. — L'ancien continent comprend trois parties du monde : 1º Europe, 2º Asie, 3º Afrique ; — Le nouveau continent en présente deux parfaitement distinctes : 4º Amérique septentrionale et 5º Amérique méridionale. — Le continent australien renferme une grande île : la Nouvelle-Hollande, à laquelle on rattache une infinité de petites îles situées plus ou moins près de cette dernière ; l'ensemble de toutes ces îles forme une sixième partie du monde : l'Océanie (monde maritime) — (Voir atlas).

Océan : — L'ensemble des mers qui couvrent les 3/4 environ du globe (*) ; — immense masse d'eau salée qui baigne les côtes de tous les continents et de toutes les îles. — En contournant ainsi les terres, l'Océan prend d'abord deux dénominations principales : 1º l'Océan Atlantique, qui baigne l'Ouest de l'Europe, l'Ouest de l'Afrique et la partie orientale du continent américain ; — 2º le Grand Océan ou Océan Pacifique qui renferme l'Océanie, et qui baigne la partie orientale de l'Asie et de l'Afrique, et l'Ouest de l'Amérique. (Voir atlas).

Puis, chacun de ces océans se subdivise, sous un point de vue cosmographique, en 5 parties : 1º l'Océan glacial arctique, au-delà du cercle polaire arctique ; — 2º l'Océan Boréal, entre le cercle polaire arctique et le tropique du Cancer ; 3º l'Océan Équinoxial, entre les deux tropiques, et traversé au milieu par l'Équateur ; — 4º l'Océan Austral, entre le tropique du Capricorne et le cercle polaire antarctique ; 5º l'Océan glacial antarctique, au-delà du cercle polaire antarctique. (Voir atlas).

Mer : — Partie de l'Océan, — étendue d'eau salée où viennent se déverser les fleuves. (Voir atlas).

Mer intérieure : — Mer renfermée dans l'intérieur des terres ; — Ex : entre l'Europe et l'Afrique : la Méditerranée (mare internum) proprement dite ; — en Europe : la mer Baltique, etc ; — en Asie, jusqu'à un certain point : la mer d'Okhotsk, la mer de Béhring, l'Océan Indien, etc ; — en Amérique : la baie ou mer d'Hudson (V. atlas).

Bras de mer : — Partie de mer resserrée entre deux terres sur une grande longueur.

Salure de la mer : — Qualité conservatrice des eaux marines, due à la présence, sur 100 parties de ces eaux, de 3 parties ½ de différents sels, dont 2,7 en moyenne de chlorure de sodium ou sel marin.

Amertume de la mer : — Due à la présence dans les eaux marines, de chlorure de magnésium.

Couleur de la mer : — En petites quantités l'eau de la mer est transparente et incolore ; — en grandes masses, elle présente une couleur vert-bleuâtre.

Niveau de la mer : — La mer ne présente pas toujours le même niveau : le Grand Océan est de 1 mètre plus élevé que l'Océan Atlantique, de l'autre côté de l'isthme de Panama ; — la mer Caspienne est de 18 mètres plus basse que la mer d'Azof ; — la mer Morte est de 400 mètres plus basse que la Méditerranée.

Température de la mer : — La température de la mer change avec les latitudes et les lieux, mais elle n'éprouve pas les extrêmes de chaleur et de froid qu'on observe sur les continents. De plus, sa température moyenne est un peu plus élevée que celle de l'air ambiant.

Ondes : — Mouvement calme. sorte de balancement régulier imprimé à la mer par l'atmosphère.

Flots, vagues : — Soulèvements, sous l'action de vents violents et inégaux, de masses d'eau qui s'élèvent en écumant, et se brisent avec fureur les unes contre les autres. (Le mot vagues désigne des masses d'eau plus hautes, plus considérables). — (fig. 1ᵉ)

(*) Tout en occupant la majeure partie de la surface terrestre, les mers ne forment probablement que les 4 millièmes de notre globe.

3.

Lames : — Soulèvements de masses d'eau sous l'action d'un vent violent, égal et continu. Les lames acquièrent des longueurs de 150 à 200 mètres. — (fig. 1ère)

Ressac ou surf : — Lame qui rejaillit en rétrograde après avoir frappé le rivage.

Barre de sable : — Espèce de banc de sable composé : 1° de matière apportées par la lame ; 2° de matières arrachées au rivage par le ressac. — (Nous trouverons un autre genre de barre à propos des fleuves.)

Écueils, brisants, vigies : — Rochers à fleur d'eau contre lesquels les vaisseaux vont souvent se briser (fig.2)

Récifs : — Chaînes de rochers ou bancs de coraux à fleur d'eau.

Écueils (fig.2).

Bancs de sable, bas-fonds ou syrtes : — Parties où le fond de la mer forme des plateaux élevés, recouverts de sable, de galets ou de vase. — Ces plateaux ou bancs de sable, dangereux pour les navigateurs, sont presque toujours importants comme régions de pêche ; Ainsi : 1° le grand banc de Terre Neuve, dans l'Atlantique, célèbre par la pêche de la morue ; — 2° — Les bancs d'huîtres, dans la baie de Cancale, etc..

Côte, rivage : — Partie de terre baignée par la mer (fig.3).

Plage : — Côte ou rivage descendant vers la mer en pente douce. (fig 3).

Grève : — Plage unie ou sablonneuse. (fig.3).

Grève....

Plage

Côtes. (fig.3).

Falaise : — (D'un mot grec qui signifie rocher). — Côte escarpée ou acore (fig.4).

Dunes : — Côte formée de collines sablonneuses ; — d'un mot celtique qui signifie monticule, petite hauteur. — (fig.5).

Marée : — Mouvement alternatif de soulèvement et de retrait des eaux de la mer.

Flux, flot ou marée montante : — Mouvement d'élévation de la mer sur les côtes pendant l'espace d'environ 6 heures. — Haute mer ou étale : — La plus grande élévation de l'eau.

Falaise (fig 4).

Reflux, jusant ou marée descendante : — Abaissement des eaux de la mer sur les côtes pendant 6 autres heures. — Basse mer : — Le plus grand abaissement de l'eau.

Fanal : — Lumière placée sur la côte pour éclairer les vaisseaux pendant la nuit (fig.6).

Phare : — Grand fanal (fig.6).

Bonace : — Calme plat en mer.

Courant : — Grand mouvement maritime semblable à un fleuve au milieu de l'Océan.

Dune (fig.5).

Courants généraux : — Deux espèces : 1° les Courants polaires (*)

(*) Les courants polaires sont causés par le continuel abaissement du niveau dans les mers torrides par suite de l'évaporation, toujours plus active là que dans toute autre partie du globe. — I. Le courant polaire nord comprend trois rameaux 1° Le courant de la baie d'Hudson ; — 2° Le courant entre Islande et Groenland ; — 3° le courant du détroit de Behring II — Le courant polaire sud comprend également plusieurs rameaux 1° le courant de Humboldt ou Péruvien qui longe la côte occidentale de l'Amérique Sud et va se réunir au courant équinoxial ; — 2° le courant du cap Horn — 3° le courant du cap de Bonne-Espérance ; 4° le courant entre l'Australie et la Nouvelle-Zélande, etc.

reconnaissables aux montagnes de glace qu'ils charrient (1). — 2° Le courant équatorial ou équi-noxial (2) qui court en sens inverse de la rotation terrestre, — c'est-à-dire de l'Est à l'Ouest, avec une vitesse de 8 kilomètres à l'heure (fig. 7).

Courants secondaires : — Chacun des courants généraux produit, en se brisant contre les terres, des courants particuliers. — Le courant polaire Nord et le courant polaire Sud comprennent chacun plusieurs branches ; — le courant équinoxial de l'Océan Atlantique forme : 1° le courant du Brésil ; — 2° le Gulf-Stream (courant du golfe) qui forme lui-même le courant de Guinée ; — La branche nord du double courant équinoxial du Pacifique forme : 3° le courant du Japon ou Kuro-Sivo (le fleuve noir) ; — La branche sud forme : 4° le rapide courant du Mozambique. — (fig. 7).

Gulf-Stream : — Prolongement du courant équinoxial de l'Atlantique, il sort du golfe du Mexique, à travers le détroit de la Floride, grossi des eaux du Mississipi, avec un volume de 60 kilom. de large, sur 800 mètres de profondeur, et une vitesse de 8 kilom. à l'heure ; ses eaux d'un bleu indigo, contrastent avec la couleur verte du reste de la mer. A partir de là, il suit la côte des États-Unis jusqu'au banc de Terre-Neuve, où il subit le choc terrible du courant polaire du Groenland. Vaincu et brisé, le Gulf-Stream abandonne sa direction première et se dirige de l'O. vers l'Est. Bientôt, il se partage en plusieurs branches : l'une d'elles va porter sur les côtes orientales de l'Islande des arbres arrachés au Nouveau-Monde, provision précieuse pour l'île glacée ; une autre se dirige vers les Îles Britanniques ; une troisième pénètre dans la mer de la Manche, apportant à nos côtes sa douce et fertilisante chaleur (fig. 7). — Enfin, rafraîchi, il redescend vers les côtes du Portugal pour retourner vers les îles du Cap-Vert au courant équinoxial.

(Chaque courant principal paraît former ainsi un circuit complet, au milieu duquel est une vaste plaine marine : — (pour le courant équinoxial : la mer des Sargasses).

Phare (fig. 6)

Contre-Courant : — Courant en sens inverse du courant principal. — (Entre les deux bras du courant équinoxial du Pacifique, est un contre-courant). — (fig. 7).

Remous, tournant, gouffre (3) : — Tournoiement d'eau permanent, causé par des courants opposés. (Ainsi : le gouffre de Charybde, entre la Sicile et l'Italie, longtemps redouté des navigateurs ; — le Maelström au N-O de la Norvège, qui engloutit quelquefois des navires).

Contre-courants sous-marins : — Courants à direction opposée placés dans la mer au-dessous du courant inverse. (Ainsi, au détroit de Gibraltar (4), un courant supérieur porte à la Méditerranée les eaux de l'Atlantique, tandis qu'un contre-courant inférieur porte celles de la Méditerranée dans l'Océan.

Banquise : — Banc (ou amas) de glace dans les mers polaires.

Bassin de mer : — Espace qui comprend, outre la mer elle-même, l'ensemble de tous les territoires qui y versent leurs eaux.

Versant de mer : — Territoire qui verse ses eaux dans la mer.

(Fig. 7)

(1) — Le courant entre Islande et Groenland glace la partie orientale du Groenland, et apporte des blocs de banquise en Islande, au banc de Terre-Neuve, et parfois jusqu'à New-York (donnant à cette ville, située à bien peu près sous la même latitude que Lisbonne, un climat rude et froid) ; — le courant du cap de Bonne-Espérance apporte des banquises au Sud de l'Afrique et jusqu'à la hauteur de la ville du Cap.

(2) Le courant équatorial est déterminé par le mouvement de rotation de la terre : — les eaux ne peuvent suivre ce mouvement plus rapide à l'équateur qu'à aucun cercle parallèle ; elles restent en arrière de la partie solide, et semblent s'avancer vers l'Ouest, quand, en réalité, ce sont les continents qui s'avancent vers l'Est. — Le courant équinoxial se divise en : 1° Courant équinoxial de l'Océan Atlantique ; — 2° Courant équinoxial de l'Océan Pacifique. — 1° Le courant équinoxial de l'Océan Atlantique longe le S.-O. de l'Afrique, traverse l'Atlantique au Sud de la mer des Sargasses, sur la côte N.-E. de l'Amérique Sud, forme aux grandes marées la terrible barre ou pororoca de l'Amazone, et va aboutir au golfe du Mexique. Le courant équinoxial de l'Océan Pacifique commence à l'O. de la Colombie, rejoint par le courant de Humboldt, puis se divise en 2 branches : branche Nord et branche Sud. — La branche Nord va aboutir aux îles du Japon ; — la branche Sud passe au Nord de l'Australie pour traverser l'Océan Indien et aller aboutir vers Madagascar.

(3) On appelle aussi gouffre une cavité naturelle terrestre, presque-perpendiculaire, d'une profondeur quelquefois incommensurable.

(4) Et probablement à tous les détroits, il se produit un fait analogue. — On raconte qu'un officier anglais traversant en simple canot le détroit de Sund, se trouva enlevé par un courant. Il jeta dans les flots un seau muni d'un boulet, qu'il laissa couler à une grande profondeur, en retenant par une longue corde cette espèce d'ancre d'un nouveau genre. Le canot ne tarda pas à être entraîné dans une direction inverse ; un fleuve sous-marin entraînant dans son cours l'embarcation amarrée au boulet, ou rivalisant de force avec le fleuve superficiel. » (J. Taillandier — Merveilles de l'eau).

Chez l'Auteur : Mlle M.t Masson - Rue Suger - N° 5. Paris.

Leçon 2ᵐᵉ

Détroit : — Bras de mer resserré entre deux terres, en établissant la communication entre deux mers. (fig. 8) — (Quelques détroits sont désignés sous les noms de :

1. Canal : — Le Canal St George (entre l'Irlande et l'Angleterre) ;
2. Manche : — La Manche de Tarrakaï (entre la Mandchourie et l'île de Tarrakaï) ;
3. Pas : — Le Pas-de-Calais (entre la France et l'Angleterre) ;
4. Bouche : — Les Bouches de Bonifacio (entre la Corse et la Sardaigne) ,
5. Goulet : — Le Goulet de Fromantine (entre l'île de Noirmoutier et la France) ;
6. Pertuis : — Le Pertuis d'Antioche (entre les îles de Ré et d'Oléron) ;
7. Phare : — Le Phare de Messine (entre la Sicile et l'Italie) ; etc...

Golfe : — Partie de mer qui s'avance dans l'intérieur des terres (fig. 9).

Baie : — Petit golfe ; — ou golfe dont l'entrée est moins large que le milieu (f.9).

Anse : — Petite baie (fig. 9).

Crique : — Petite anse (fig. 9).

Rade, port ou havre : — Petits enfoncements de la mer propres à servir d'abri aux vaisseaux. — Le port doit avoir en outre, soit naturellement, soit grâce au travail de l'homme, une disposition commode pour l'embarquement et le débarquement (fig. 10).

Promontoire : — Éminence de terre qui s'avance dans la mer (fig. 11).

Cap : — Promontoire moins considérable. (fig. 11)

Pointe : — Saillie moins considérable que le cap, et surtout moins élevée (f. 11). (Le promontoire, le cap et la pointe sont tous les trois l'extrémité d'une chaîne de montagnes qui vient finir ainsi en pente plus ou moins douce à la mer).

Île : — Terre entourée d'eau de tous côtés (fig. 12)

Îlot : — Petite île (fig. 12)

Groupe d'îles : — Réunion d'îles voisines les unes des autres, et désignées sous un nom général (fig. 12).

Archipel : — Groupe d'îles très-considérable, ou ensemble de groupes peu éloignés les uns des autres.

Attolons : — Groupe d'îles madréporiques, entourées de ceintures de récifs coralloïdes. — Ex : Les Madères. (Dans la mer des Antilles et le Golfe du Mexique ces groupes d'îles madréporiques s'appellent Keys, cayos, jardins, arrécifes). Les habitants des îles s'appellent insulaires (de insula, île).

Péninsule ou presqu'île : — Étendue de terre entourée d'eau de tous côtés, excepté par un seule endroit qui la rattache au continent (fig 13).

Isthme : — Partie de terre qui rattache la péninsule ou presqu'île au continent (fig. 14).

Détroit (fig. 8)

Golfe. Baie - Anse - Crique (Fig. 9)

Port - (fig. 10).

Promontoire - Cap. - Pointe - (fig. 11).

(fig. 12). Île   Îlot   Groupe d'Îles.

Montagne : — Partie saillante du globe terrestre. Élévation considérable dont le sommet atteint quelquefois 8000 mètres et plus (fig. 14).

Chaîne de montagnes : — Suite de montagnes qui se prolonge à une grande distance (fig. 14). (La plus longue de ces chaînes est celle des M.ts Rocheux et des Andes, sur une étendue de 12.000 kilomètres.)

Collines, coteaux : — Élévations moins considérables que les montagnes proprement dites. — La colline a moins de 600 mètres. — (On dit aussi coteau pour désigner la pente douce d'une colline (fig. 14).

Monticule : — Élévation moins considérable que la colline. (fig. 14).

Tertre, Morne : — Petit monticule (fig. 14).
Butte : — Petit tertre. (fig. 14).

Plateau (d'un mot grec qui signifie étendue), ou haute terre : — Espace très élevé au-dessus du niveau de la mer, et qui domine le pays d'alentour (fig. 14). Le plateau peut être ou une plaine couronnant le sommet de certaines montagnes, — ou une espèce de terrasse soutenue par des chaînes de montagnes qui en forment le talus. (On appelle dos de pays des terrasses moins élevées que le plateau proprement dit.)

Chaîne secondaire, ramification ou rameau. — Partie ou branche d'une chaîne principale de montagnes. (fig. 15).

Contrefort ou chaînon : — Chaîne secondaire courte et abrupte, qui s'avance plus ou moins perpendiculairement à la chaîne principale : — (Observent alors, en quelque sorte d'appui à celle-ci.) — (fig. 15).

Système de montagnes : — Ensemble de montagnes formé par la chaîne principale, ses ramifications et ses contreforts : — (Le système des Pyrénées ; le système des Alpes, le système des Cévennes).

Nœud : — Le point où se réunissent deux chaînes de montagnes : — ou une chaîne de montagnes et se ramification (fig. 15). — (Ex : le Ballon d'Alsace est le nœud des Vosges et des Monts Faucilles ; — le pic de Corlitte est le nœud des Pyrénées et des Corbières.) Le nœud présente assez souvent une masse noire appelée massif (fig. 15).

Faîte ou crête : — Partie la plus élevée d'une montagne ou d'une chaîne de montagnes. — (Le faîte d'une chaîne de montagnes est quelquefois une terrasse ou un plateau ; le plus souvent, c'est une série de sommets isolés, auxquels leurs formes différentes ont fait donner les diverses dénominations de pic (fig. 14), aiguille, piton, dent, cylindre, dôme ou ballon (fig. 14), puy (du celtique puech, montagne).. Ex : le pic de Corlitte, dans les Pyrénées ; — la dent de Vaulion, en Suisse ; — le cylindre de Marboré, dans les Pyrénées ; — le ballon d'Alsace, dans les Vosges ; — le Puy de Dôme, en Auvergne, etc.

Col : — Dépression entre les sommets montagneux, servant de passage pour franchir la chaîne (fig. 16).

7.

(Les cols s'appellent aussi : défilés, gorges, ports, portes ou pyles, pas, etc.. — Ainsi : le défilé des Thermopyles, en Grèce ; les gorges d'Ollioules, en France ; — le port de Roncevaux, dans les Pyrénées ; — les portes Caspienne, en Asie ; — le pas de Size, en Italie, etc.).

Altitude : — Élévation d'un lieu au-dessus du niveau de la mer.

Glacier : — Masses énormes de glaces situées au-dessous des neiges éternelles (fig. 17).

Avalanche : — Masse de neige qui se précipite des montagnes en renversant tout sur son passage.

Cavernes, grottes : — Excavations plus ou moins profondes qui se trouvent ordinairement dans les rochers des montagnes (fig. 18).

Glacier. (Fig. 17).

Grotte ou Caverne (Fig. 18).

Volcan : — Bouche ignivome placée à l'extrémité d'une gibbosité conique, laquelle s'ouvre le plus ordinairement sur une montagne (fig. 19).

Cratère : — (d'un mot grec qui signifie coupe, vase à boire). — Orifice du volcan, placé d'ordinaire à l'extrémité de la gibbosité conique, — et qui lance de temps en temps des gaz, des cendres et des blocs de rochers embrasés (fig. 19).

(En France, on ne rencontre que des volcans éteints ; à savoir : 1.º Les 60 volcans de l'Auvergne (ou chaîne des Puys), disposés sur une ligne courbe de 60 kilomètres ; — 2.º Les volcans du Velay ; — 3.º Les volcans du Vivarais).

Vallée : — Pays compris entre deux chaînes de montagnes et arrosé par un fleuve ou par une rivière (fig. 20). (Les vallées sont dites transversales quand elles sont perpendiculaires à la chaîne de montagnes d'où sort le cours d'eau. — Dans ce cas, elles sont formées par les contreforts de cette chaîne (fig. 20).

Elles sont dites longitudinales quand elles sont parallèles à la chaîne de montagnes d'où sort le cours d'eau. — (L'un des flancs de la vallée est alors formé par la chaîne elle-même). —

Les vallées sont quelquefois tellement resserrées dans quelques-uns de leurs points que le fleuve qui les arrose ne peut se frayer un passage qu'avec peine. — On appelle ces points :

1. Étranglements, 3. Portes,
2. Coupures, 4. Gorges (fig. 21). etc...

Vallon : — Petite vallée formée par de simples collines.

Plaine : — Étendue de pays dont la surface, presque horizontale, ne présente que de légères ondulations ou mouvements de terrain (fig. 22). — (Le Nord de la France est un pays de plaine).

Désert : — Espace privé d'eau, — et par conséquent, stérile et inhabitable (fig. 23).

Steppe : — (d'un mot russe qui signifie landes). — Vastes solitudes situées, entre autres, dans la Russie méridionale, sur l'ancien emplacement de la mer Caspienne, qui en se retirant peu à peu, laisse à nu un sol imprégné de sel, et sur lequel croît à grand'peine une herbe rare et maigre.

Landes et bruyères : — Plaines nues et arides de la France (fig. 24).

Parameras, despoblador, arendala, muelas : — Terres stériles en Espagne.

Beled-el-Djérid (ou pays des Dattes) — Désert au Sud de l'Algérie et de la régence de Tunis.

Maquis : — Déserts en Corse et en Algérie

Sahara : — Désert de sable au Sud de Beled-el-Djérid ; — avec tous les vestiges d'une ancienne mer desséchée.

Haïden : — Sables et bruyères dans l'Allemagne du Nord.

Geest : — Longues étendues de sable au Nord de l'Allemagne (Il ne pousse sur la geest, que des bruyères et le pin sylvestre) ;

Savanes, llanos, pampas, et paramos : — En Amérique.

Oasis (de l'Egyptien, ouasoi) : — Petit espace fertile au milieu d'un désert (fig. 25).
(Le Beled-el-Djérid renferme une assez grande quantité d'oasis, où croissent des palmiers-dattiers).

———

Lac : — Amas d'eau douce (quelquefois aussi d'eau salée), entourée de terre de tous les côtés (fig. 26).

Étang : — Petit lac moins profond (fig. 27).

Marais : — Terrains couverts d'eau sans écoulement (fig. 28).

Mare : — Plus petit amas d'eau.

Maremmes : — Marais délétères de l'Italie centrale.

Lagunes, — Marais salants : — Étangs d'eau salée situés le long de la mer, — dont ils sont séparés par des bandes de terre qu'on appelle flèches

Limans : — Lagunes sur la mer Noire.

Haff : — Lagunes en Prusse sur les bords de la mer Baltique.

Sounds : — Lagunes aux États-Unis.

———

Forêt : — Terrain couvert d'arbres (fig. 29).

Bois : — Petite forêt.

———

Gorge. (Fig. 21).

Plaine (Fig. 22).

Désert (Fig. 23).

(Fig. 24).

Oasis. (Fig. 25).

Lac (Fig. 26).

Étang (fig. 27).

Marais (fig. 28).

Forêt (fig. 29).

Chez l'Auteur : Melle M-V. Masson. Rue Suger, N° 5. — Imp. V. Janson 6, r. Antoine, Paris. — Déposé. Tous droits réservés.

Confluent (fig. 30).

Ruisseau (fig. 31)

Source (fig. 32)

Embouchure et Barre d'eau

Fleuve : — Cours d'eau qui se jette directement dans la mer.

Rivière : — Cours d'eau secondaire qui se jette dans un fleuve ou dans une autre rivière.

(On appelle aussi affluent, qui coule vers, tout cours d'eau qui se jette ainsi dans un autre).

Confluent : (qui coule avec) : — Endroit où un cours d'eau se jette dans un autre. (fig. 30).

Ruisseau : — Cours d'eau moins considérable que la rivière (fig. 31).

Torrent : — Cours d'eau rapide, tumultueux, presque toujours temporaire.

Ravin : — Lit creusé par le torrent.

Lit du cours d'eau : — Fossé dans lequel coule un cours d'eau, de sa source à son embouchure.

Thalweg : (allemand : chemin de la vallée). — Partie la plus creuse du lit d'un fleuve.

Source : (latin : s'élever) : — Endroit où le fleuve sort de terre. (fig. 32).

Embouchure : — Endroit où le fleuve se jette dans la mer.

Bouches : — L'ensemble de toutes les embouchures d'un fleuve.

Delta : — Le pays situé entre les deux embouchures extrêmes d'un fleuve.

Estuaire : — Large embouchure formant une espèce de golfe.

Rive droite : — Rive placée à la droite d'une personne qui suit le cours de l'eau (fig. 32 et 33).

Rive gauche : — Rive placée à la gauche d'une personne qui suit le cours de l'eau (fig. 32 et 33).

Au-dessus de..... — Plus près de la source que...

Au-dessous de..... — Plus loin de la source que...

En amont (vers la montagne) : — Plus près de la source.

En aval (vers la vallée, vers le bas) : — Plus près de l'embouchure.

Barre d'eau : — Grosse lame déferlante qui remonte contre le courant du fleuve avec une force et une vitesse effrayantes (fig. 33).

Mascaret : — Barre de la Gironde.

Pororoca (ou the rollers, les cylindres) : — Barre de l'Amazone.

Bore : — Barre du Hougly.

Chenal (forme ancienne du mot canal) : — Passage long, (fig. 33) étroit, par lequel le courant maritime fait entrer les vaisseaux dans le port : — Quelquefois la barre d'eau laisse près de l'une des rives du fleuve un chenal assez profond pour le passage des navires (fig. 33)(*)

Chute : — Changement brusque du niveau du fleuve (Chute du Nil. fig. 34).

Saut, cascade : — Chute d'un petit cours d'eau tombant d'une grande hauteur. — (Saut ou cascade de Gavarnie : 422 mètres. Pyrénées — fig. 35).

(*) Toutefois, ce chenal est sujet à se déplacer à ce point que les pilotes sont obligés de le reconnaître par des sondages presque quotidiens.

Cataractes, rapides ou brisants : —— Changements de niveau moins brusques que la chute ; —— (Cataracte du Niagara, — fig. 36 ; — et rapide de la rivière Montmorency, au Canada. — fig. 37).

Leçon 3ème

Versant de mer : — Territoire qui verse ses eaux dans une mer. — (Un versant se subdivise en bassins).

Bassin d'un fleuve : — Pays arrosé par un fleuve et tous ses affluents. Ainsi : le bassin de la Seine comprend tout le pays arrosé par : 1° la Seine; — 2° ses affluents (Aube, Marne, Oise, Yonne, Eure) ; — 3° les affluents de ces rivières (Ornain, Aisne).

Grand bassin : — Pays arrosé par un fleuve important.

Bassin côtier : — Pays arrosé par des cours d'eau de moindre importance.

Ligne de partage des eaux, arête hydrographique, ligne de faîte : — Suite de montagnes établissant une ligne de séparation entre deux versants.

Ceinture : — Les hauteurs d'où descendent un cours d'eau, et celles qui déterminent sa marche.

Canal : — Rivière artificielle, creusée de main d'homme, et destinée à unir deux cours d'eau ou deux mers (fig. 38).

Bief : — Portion horizontale du canal (fig. 38).
(Les cours d'eau naturels coulent sur des plans inclinés, tandis qu'un canal est composé d'une série de bassins ou biefs horizontaux venant à la suite les uns des autres, et étagés comme les marches d'un escalier
Ces biefs horizontaux communiquent entre eux par des écluses ou clôtures disposées pour retenir l'eau, et qu'on ouvre quand besoin en est). — (fig. 38 et 39).

Aqueduc : — Construction sur arches, destinée à conduire l'eau d'un canal ou d'une rivière au-dessus d'une vallée.

Marigot : — Sorte de canal naturel ou bras de rivière qui se remplit pendant les crues d'un fleuve, et se vide ensuite dans ce même fleuve pendant les basses eaux. (Ex : les marigots du Sénégal).

Région : — Étendue de terre plus ou moins considérable, présentant partout à peu près les mêmes caractères ou un même caractère géographique.

Pays : — Étendue plus ou moins considérable de terrain.

Contrée : — Étendue de terre plus ou moins considérable, habitée par une nation (Ex: la France).

État (synonyme de contrée) — Pays soumis à un même gouvernement.

Empire : — État gouverné par un empereur.

Royaume : — État gouverné par un roi.

République : — État dans lequel un grand nombre de citoyens ou tous, prennent une part plus ou moins large au gouvernement.

Frontière : — Limite d'un pays du côté de la terre, confin.

Provinces, départements, gouvernements, comtés ou shires, cantons, cercles, comitats (en Hongrie), districts, eyalets (Turquie) préfectures, pachaliks, etc. etc : — Grandes divisions des contrées.

Chute. (fig. 34)

Saut ou Cascade (fig. 35)

Cataracte (fig. 36).

Rapide (Fig. 37)

Brof.
(fig. 38)

Écluses ! (fig. 39).

Hameau (fig. 40).

Village (fig. 41).

Ville (fig. 42).

États, territoires, districts : ___ Grandes divisions aux États-Unis.
(1°. Les États se gouvernent par eux-mêmes ; — 2°. Les territoires sont régis par
le gouvernement fédéral ; — 3°. Les districts sont annexés à un état ou à un territoire.)

Arrondissement, hundred, diocèse : ___ Subdivisions des États.

Hameau : ___ Petit groupe d'habitations humaines dans la campagne (fig. 40).

Village : ___ Groupe plus important que le hameau (fig. 41).

Bourg : ___ Groupe plus considérable que le village

Ville, cité : ___ Réunion considérable d'habitations humaines. (fig. 42).

Capitale : (d'un mot latin qui signifie tête) : ___ ville la plus importante
d'un état, d'une province, etc.

___

Race : ___ Lignée ; ensemble de tous les individus et de tous les
peuples issus d'une même famille.

Religion : ___ Croyances d'une tribu, d'une peuplade, d'une nation, sur la Divinité.

Gouvernement : ___ Manière dont est administrée poli-
tiquement un État, une Nation.

___

Fort : ___ Ouvrage de maçonnerie, ordinairement avec rempart et fossé, destiné
à résister aux attaques de l'ennemi.

Fortifications : ___ Ensemble des ouvrages : murs, remparts, talus, fossés, forts,
etc, qu'on élève autour d'une ville pour la défendre contre les attaques de l'ennemi.

Digue : ___ Levée en terre ou en maçonnerie destinée à contenir des eaux envahissantes.

Parapet : ___ Mur élevé sur les deux rives d'un cours d'eau, pour empêcher le
débordement de ce dernier.

___

Colonie : ___ Possession d'un état de l'Europe dans une autre partie du monde.

Métropole : ___ Nom donné à un État par rapport aux colonies qu'il possède.

___

Courbe d'altitude : ___ Ligne imaginaire passant par tous
les points situés à la même altitude.

Ligne isotherme : ___ Ligne passant par tous les points de même
température moyenne pendant l'année.

Ligne isothère : ___ Ligne passant par tous les points de même
température moyenne pendant l'été.

Ligne isochimène : ___ Ligne passant par tous les points
de même température moyenne pendant l'hiver.

___

Productions agricoles : ___ Productions végétales d'un pays,
d'une région.

Industrie : ___ Extraction des matières premières et trans-
formation de ces matières en objets d'art et d'utilité.

Commerce : ___ Échanges de marchandises contre des valeurs
pécuniaires ou contre d'autres marchandises. ___

Constellation : — Groupe d'étoiles (fig. 43).

Axe : — Diamètre autour duquel la terre tourne dans l'espace de 24 heures (fig. 44).

Pôles : — Extrémités de l'axe (fig. 44)

Cercle de la sphère : — Toute section de la sphère par un plan (fig. 44)

Grand cercle de la sphère : — Tout cercle qui passe par le centre de la sphère (fig. 44).

Petit cercle de la sphère : — Tout cercle qui ne passe pas par le centre de la sphère (fig. 44).

Équateur : — Grand cercle de la sphère situé à égale distance des pôles (fig. 45).

Méridien : — Grand cercle de la sphère passant par l'axe et par les pôles (fig. 45).

Longitude : — Distance (comptée en degrés), d'un point quelconque de la terre, à un premier méridien pris pour point de départ (fig. 46).

Latitude : — Distance (comptée en degrés), d'un point quelconque de la terre à l'équateur (fig. 46). (La latitude et la longitude combinées servent à déterminer d'une manière exacte la position des lieux sur le globe).

Orientation.

1. **Différents moyens d'orientation** : — Déterminer sa position relativement à l'un quelconque, et, par suite, aux trois autres, des quatre points cardinaux (fig. 47) : cela s'appelle s'orienter.

Il existe un assez grand nombre de moyens d'orientation :

1°. Le matin, au lever du soleil, si on se tourne vers cet astre, on a, plus ou moins exactement —; devant soi, le levant ou est; derrière soi, le couchant ou ouest; à sa droite, le midi ou sud; à sa gauche, le Nord.

2°. A midi, si on se tourne de nouveau vers le soleil, on a devant soi, le midi; derrière soi, le Nord; à sa droite, l'Ouest; à sa gauche, l'Est.

3°. Le soir, au coucher du soleil, tourné vers cet astre, on a : devant soi, le couchant ou Ouest; derrière soi, le levant ou est; à sa droite, le Nord; à sa gauche, le midi ou Sud.

4°. Pendant la nuit, on peut s'orienter en se tournant vers l'étoile polaire. Dans cette position, l'observateur a, plus ou moins exactement : devant lui, le Nord; derrière lui, le Sud; à sa droite, l'Est; à sa gauche, l'Ouest.

5°. Enfin, quand les nuages empêchent d'apercevoir, ou le soleil ou l'étoile polaire, on peut encore s'orienter, au moyen de la boussole : — c'est un cadran au centre duquel est fixée, mobile sur un pivot, une aiguille aimantée, dont la pointe se dirige constamment vers le Nord (fig. 48). — Ainsi font les marins.

2. **Nota** : — Dans les cartes de géographie, le nord est en haut; le Sud, en bas; l'Est, à droite; l'Ouest, à gauche. — La personne qui a devant elle la carte, est par rapport à celle-ci, dans la position de l'observateur qui regarde l'étoile polaire.

3. **Recherche de l'étoile polaire** : — Pour trouver cette étoile dans le ciel, on peut se servir de la constellation de la grande Ourse, appelée aussi Chariot de David.

Cette constellation de la grande Ourse ou du Chariot est composée de sept belles étoiles: quatre disposés à peu près en carré, figurent le corps du chariot (fig. 49); les trois autres figurent la queue, un peu courbe, de ce chariot.

La petite Ourse, appelée aussi le petit chariot, se compose également de sept belles étoiles: présentant la même figure que la grande Ourse, seulement plus petite et en sens inverse (fig. 49).

Pour trouver l'étoile polaire au moyen de la grande Ourse : 1°. On prolonge, — du côté de la convexité de la queue du Chariot, la ligne droite, qui unit les deux étoiles de la grande Ourse les plus éloignées de la queue du Chariot; — 2°. Cette ligne, dirigée vers l'étoile la plus brillante de la petite Ourse, va aboutir à celle qui forme l'extrémité de la queue du petit Chariot (fig. 49). — Cette étoile est l'étoile polaire (même fig. 49).

Idée de la manière dont on a pu représenter les parties de terre et d'eau qui se trouvent à la surface du globe.

1. Sphères : — La longitude et la latitude servent, avons-nous dit, à déterminer d'une manière exacte la position des lieux sur le globe. — Chaque point terrestre, en effet, est situé à l'intersection d'un méridien et d'un parallèle, indiquant, le premier, la longitude, et le second la latitude, de ce point. Cela étant, pour représenter exactement la terre : 1º On prend une sphère creuse (en bois, en carton, &.), très-légèrement aplatie ; — on trace sur sa convexité 180 méridiens et 180 parallèles ; puis : 2º On marque sur cette sphère les différents lieux terrestres ; villes, fleuves, côtes, frontières, etc. à la place assignée par leur longitude et leur latitude.

2. Cartes : — Mais une sphère, pour indiquer tous les points principaux de la terre, doit présenter un certain volume ; elle est, par conséquent, difficile à placer, difficile surtout à transporter : — De là, les représentations planes de la totalité ou d'une partie de la surface terrestre ; en d'autres termes : les cartes géographiques.

3. Projections : — Toutefois, il est impossible de transporter exactement une surface courbe sur un plan : on ne peut qu'approcher plus ou moins de la réalité, au moyen de différents systèmes de projection. On appelle système de projection, ou simplement projection (action de jeter en avant), la manière de représenter, sur la carte, les méridiens et les parallèles.

4. Principales espèces de projection : — On distingue deux espèces principales de méthodes de projection : 1º Les projections par perspective, et : 2º Les projections par développement.

Principales méthodes de projection par perspective : — Les principales méthodes de projection par perspective sont : 1º La projection orthographique ; 2º La projection stéréographique.

I. Projection orthographique : — Dans la projection orthographique (tracé droit) : 1º Les cercles parallèles sont tous, ainsi que l'équateur, représentés par des lignes droites parallèles (fig. 50). 2º Les méridiens sont représentés par des ellipses (même fig. 50). Ce genre de projection a l'inconvénient de rétrécir les régions voisines des bords.

II. Projection stéréographique : — Dans la projection stéréographique (tracé serré) : tous les cercles de la sphère (méridiens et parallèles), sont représentés par des cercles perspectifs. (fig. 51). — Dans ce genre de projection, les régions terrestres, à peu près exactes sur les bords, sont rétrécies vers le centre.

Projections par développement : — On distingue deux espèces principales de projection par développement : 1º la projection cylindrique ou de Mercator ; 2º la projection conique, usitée par Ptolémée.

I. Projection cylindrique : — Dans la projection cylindrique ou de Mercator : 1º On suppose la terre, — ou telle portion de la terre qu'on veut représenter, — enveloppée par un cylindre. On trace sur celui-ci des lignes verticales répondant aux méridiens, et des circonférences perpendiculaires aux verticales, répondant aux parallèles (fig. 52). — 2º Déroulant ensuite ce cylindre, on a une carte dans laquelle l'équateur et tous les parallèles sont représentés par des lignes droites parallèles, et les méridiens, par d'autres lignes droites parallèles, perpendiculaires aux premières (fig. 53). — (Il sera facile de tracer ensuite sur cette carte les différents lieux de la terre, d'après leur longitude et leur latitude sur le globe).

La Mappemonde dite de Mercator n'est autre que le développement cylindrique appliqué à la terre entière. — Cette sorte de carte représente assez fidèlement la surface du globe dans le voisinage de l'équateur, où la surface cylindrique se confondait avec la surface terrestre ; mais elle dilate outre mesure les régions polaires : — Toutefois, la projection cylindrique a l'avantage de représenter les méridiens et les parallèles se coupant à angle droit comme sur la sphère, et cet avantage la fait employer toujours pour les cartes marines.

Projection conique : — Cette projection est plus spécialement employée pour représenter une partie de la surface de la terre assez éloignée de l'équateur. — On suppose alors une surface conique entourant la surface terrestre, et la touchant suivant un parallèle compris dans la portion à représenter (fig. 54). — Les lignes qui, sur le cône, répondent au méridien, sont des lignes droites, qui toutes convergent vers le sommet ; les lignes qui répondent aux parallèles sont des circonférences de cercle perpendiculaires aux droites méridiennes. — Si donc, on développe ensuite la surface conique sur un plan (fig. 55), comme on pourrait faire d'un cornet de papier, on obtiendra une carte dans laquelle tous les méridiens sont représentés par des lignes droites convergeant toutes vers un même point — presque toujours hors de la carte, — et les parallèles par des portions de cercle ayant ce même point pour centre commun. (fig. 55)

— Cette sorte de carte n'est exacte que pour le voisinage du parallèle suivant lequel a été supposé le contact, — lequel est ordinairement celui du milieu de la carte.

Projection orthographique.
(fig. 50).

Projection stéréographique.
(fig. 51).

Projection cylindrique.
(fig. 52).

Mappemonde de Mercator.
(fig. 53).

III. Projection de Flamsteed (*) — À ces deux espèces de projection par développement, on peut ajouter la projection de Flamsteed, combinaison de la projection cylindrique et de la projection conique, — et qui représente le plus exactement les régions d'une étendue moyenne.

C'est la méthode employée pour la grande carte de France dressée par l'État-Major, et en général pour les cartes topographiques, — un peu modifiée.

Plan. — Échelle.

Projection Conique (fig. 54)

1. Plan géographique : — On appelle plan, en géographie, précisément ces diverses représentations de la sphère ou d'une portion de la surface sphérique sur une surface plane.

2. Du plan en général : — On sait qu'on appelle plan d'un terrain — et, en général d'un objet — une figure semblable à celle qui forme le contour du terrain ou de l'objet, — et, s'il y a lieu, celui des parties remarquables qu'ils renferment.

3. Opérations nécessaires pour le tracé d'un plan : — Le tracé d'un plan nécessite deux opérations successives: 1° la levée du plan ; 2° sa construction.

1° **Levée du plan :** — On trace au besoin et on mesure sur le terrain les lignes et les angles qui déterminent la figure qu'on veut représenter. — On inscrit ordinairement les nombres trouvés, sur un croquis du terrain fait à main levée (fig. 56).
L'exactitude du lever des plans est fondée sur la similitude des triangles.

2° **Construction du plan :** — On réduit ensuite à l'échelle de proportion toutes les longueurs mesurées, et l'on a le plan exact (fig. 57).

4. Échelle de réduction : — Les lignes du terrain représentées sur le papier sont réduites dans un certain rapport qui dépend de la grandeur du papier comparée à celle de ce terrain. Si les lignes sont réduites au centième, au millième, au dix-millième de leurs longueurs, on dit que le plan ou tracé est fait à l'échelle de $\frac{1}{100}$, de $\frac{1}{1000}$, de $\frac{1}{10000}$, etc.

5. Échelle des cartes géographiques : — On appelle échelle, en géographie, le rapport entre la grandeur réelle d'une région et la grandeur de la carte qui la représente. — Ainsi, une carte est à l'échelle de $\frac{1}{100000}$ quand elle représente dans un centimètre carré une superficie réelle de un myriamètre carré ; — en d'autres termes, quand, sur cette carte, une longueur de 1 millimètre représente une longueur réelle de 1 kilomètre.

Projection conique développée (fig. 55)

Valeur des principales mesures itinéraires en kilomètres.

La lieue commune ou géographique, de 25 au degré, (mesure ancienne de France : 4 kil. 44. — La lieue de poste (France), de 2000 toises, ou de 28,51 au degré : 3,89. — La lieue marine, de 20 au degré (et la lieue d'Espagne) : 5 Kil. 55. — Le mille géographique ou marin, de 60 au degré : 1 k. 85 (**). Le mille anglais, de 69,06 au degré (id. États-Unis) : 1,60. — Le mille allemand, de 15 au degré : 7,40. — Le mille italien, de 60 au degré : 1,85. — Le verste de Russie, de 104.3 au degré : 1,06. — Le kilomètre, de 111,11 au degré (France, Hollande, Belgique, etc.) 1.

(On appelle milliaires et bornes milliaires les bornes numérotées plantées sur nos routes pour indiquer les kilomètres).

Mesures topographiques.

La lieue géographique carrée (de 25 au degré) : 19 km carrés 777. — Le mille géographique carré (de 15 au degré) : 54 k. 89.

Différentes représentations de la surface terrestre.
Différentes espèces de cartes géographiques.

1. Globes et cartes : — Les représentations de la surface terrestre sont, comme on le voit, de deux espèces : 1° Des globes artificiels ; 2° Des cartes. — Les globes sont des sphères creuses (en bois, carton, etc.), sur la convexité desquelles on trace le délinéament des divers pays de la terre ; — Les cartes sont des représentations planes de la totalité ou d'une partie de la surface de la sphère.

2. Mappemondes, cartes générales, cartes particulières : — Les cartes géographiques se divisent en : 1° Mappemondes, 2° Cartes générales, 3° Cartes particulières. — On appelle mappemondes les cartes géographiques qui retracent toute la surface de la terre. — On appelle cartes générales celles qui retracent toute une partie du monde. — On appelle cartes particulières celles qui retracent simplement une contrée, une province.

Remarques : — 1° Sur toute carte est tracée l'échelle — c'est à dire une ligne graduée dont chaque division représente, soit une lieue, soit un kilomètre, soit un mille, etc. 2° Dans les cartes géographiques, les degrés de latitude sont placés aux deux côtés de la carte en regard des parallèles, — et les degrés de longitude, en haut et en bas de cette même carte, en regard des méridiens.

(*) Géométrie anglaise.
(**) Le nœud est $\frac{1}{120}$ du mille marin (15... 432).

Représentations de la sphère céleste.

1. *Globes et cartes :* — L'ascension droite, — distance d'un astre au premier méridien céleste, — et la déclinaison, — distance d'un astre à l'équateur céleste, — combinées, déterminent d'une manière précise la position de chaque point du ciel, comme la longitude et la latitude combinées, déterminent la position exacte de tous les points du globe. Il a été facile, d'après cela, d'établir des représentations de la voûte céleste et des constellations qui la peuplent. Ces représentations, — comme celles de la surface terrestre, sont — 1° des globes, 2° des cartes (générales, particulières, — sélénographiques, etc.).

2. *Sphères armillaires :* — On appelle sphères armillaires des sphères découpées de manière à présenter tous les principaux cercles de la sphère (terrestres et célestes).

Divisions des six parties du monde.

1° Europe.

1. États de l'Europe : — Aujourd'hui au nombre de 16, à savoir : 3 au Nord, 1 à l'Est, 7 au centre, et 5 au Sud.

2. États de l'Europe au Nord : — 1° Les Îles Britanniques ou Royaume-Uni de Grande-Bretagne et d'Irlande, capitale Londres, villes principales Édimbourg et Dublin ; — 2° Le Danemark, cap. Copenhague ; 3° Le royaume de Suède et Norwège, capitales Stockholm et Christiania.

3. États de l'Europe à l'Est : — La Russie d'Europe, cap. St Pétersbourg, villes princ. Varsovie et Moscou.

4. États de l'Europe au centre : — 1° La France, cap. Paris, v.pr. Lyon, Marseille, et Toulouse ; — 2° la Belgique, cap. Bruxelles ; — 3° la Hollande ou roy.me des Pays-Bas, cap. La Haye, v.pr. Amsterdam ; — 4° le G.d Duché de Luxembourg, cap. Luxembourg ; — 5° L'empire d'Allemagne, cap. Berlin, v.pr. Hambourg, Hanovre, Dresde, Stuttgard et Munich ; 6° L'empire d'Autriche-Hongrie, cap. Vienne, v.pr. Bude-Pest, Prague et Trieste ; — 7° La Confédération Suisse, capitale fédérale Berne, v.pr. Bâle et Genève.

5. États de l'Europe au Sud : — 1° Le Portugal, cap. Lisbonne ; — 2° L'Espagne, cap. Madrid ; — 3° L'Italie, cap. Rome, v.pr. Milan, Florence, et Naples ; — 4° La Turquie d'Europe, cap. Constantinople ; — 5° La Grèce, cap. Athènes.

2° Asie.

1. Contrées de l'Asie : — 12 contrées : 1 au Nord, 2 à l'Est, 3 au Sud, 2 à l'Ouest, et 4 au centre.

2. Contrées de l'Asie au Nord : — La Sibérie, ou Russie asiatique, v.pr. Tobolsk, Tomsk et Irkoutsk.

3. Contrées de l'Asie à l'Est : — 1° Le Japon, cap. Yédo, v.pr. Matsmaï, Yokohama, Miaco, et Nagasaki ; 2° L'empire Chinois, cap. Pé-king, v.pr. Nan-king, Shang-haï, et Canton.

4. Contrées de l'Asie au Sud : — 1° L'Indo-Chine ou Inde au-delà du Gange, et dont une partie : la Cochinchine, appartient aux Français, v.pr. Hué, Saïgon, Bangkok, Malacca, et Mandale ; — 2° L'Hindoustan ou Inde proprement dite, presque toute aux Anglais, v.pr. Calcutta ; — Bénarès, Lucknow, Delhy, Kachmyr, Lahore, au Nord ; — Surate, Bombay, Goa, Calicut et Cochin, sur la côte de Malabar ; — Madras et Pondichéry, sur la côte de Coromandel ; — Pointe de Galles dans l'île de Ceylan ; — 3° L'Arabie, cap. La Mecque, v.pr. Médine et Moka.

5. Contrées de l'Asie à l'Ouest : — 1° La Turquie d'Asie, v.pr. Smyrne, Alep, Damas, Jérusalem et Bagdad ; 2° La Transcaucasie, province russe, cap. Tiflis.

6. Contrées de l'Asie au centre : — 1° Le Béloutchistan, cap. Kélat ; — 2° L'Afghanistan, cap. Caboul, v.pr. Kandahar ; — 3° Le Turkestan ou Tartarie indépendante, en grande partie aux Russes, v.pr. Khiva, Boukhara, Samarkand et Khokland ; — 4° La Perse ou Iran, cap. Téhéran, v.pr. Tauris et Ispahan.

3° Afrique.

1. Principales parties connues de l'Afrique : — 5 sur la Méditerranée ; 5 sur l'Océan Atlantique ; 1 au Sud ; 4 sur l'Océan Indien ; 2 sur la mer Rouge ; 2 au centre ; — total : 19.

2. Parties de l'Afrique sur la Méditerranée : — 1° La vice-royauté d'Égypte, cap. Le Caire, v.pr. Port-Saïd, Suez, Damiette, Rosette, Aboukir, Alexandrie, Mansourah ; — 2° Le Vilayet de Tripoli, cap. Tripoli ; la régence de Tunis, cap. Tunis (*) — 4° L'Algérie, possession française, cap. Alger, v.pr. Oran, Constantine, et Bône — 5° L'empire de Maroc (**) cap. Maroc, v.pr. Tanger, Couta (***) Fez et Mogador.

3. Parties de l'Afrique sur l'Océan Atlantique : — 1° Le Sahara, ou grand désert, coupé presque au milieu par le tropique du Cancer ; — 2° La Sénégambie, v.pr. St Louis, Ste Marie ou Bathurst, Cachéo ; — 3° La Guinée septentrionale avec la côte de Sierra-Léone ; des graines ou du Poivre, avec la colonie de Libéria ;

(*) L'Égypte, Tripoli et Tunis sont tributaires ou dépendants de la Turquie.
(**) Tripoli, Tunis, l'Algérie et le Maroc forment les États Barbaresques.
(***) Place forte qui appartient à l'Espagne. — En face de Gibraltar, qui appartient aux Anglais.

la côte des Dents ou d'Ivoire ; la côte d'Or, avec le royaume des Achantis et la ville de Coumassie ; celle des Esclaves, avec le royaume de Dahomey et la ville d'Abomey ; la côte de Bénin avec la ville de même nom ; celle de Gabon, avec un établissement français ; — 4° La Guinée méridionale ou Congo, v. pr. San Salvador, St Paul de Loanda, ou St Philippe de Benguela ; — 5° Le pays des Hottentots.

4. Partie de l'Afrique au Sud : — La colonie anglaise du Cap, cap. La Ville du Cap ; à l'est : Natal.

5. Parties de l'Afrique sur l'Océan Indien : — 1° La Cafrerie, avec les deux républiques : du fleuve Orange et du Transvaal (là était l'ancien empire du Monomotapa) ; — 2° Le Mozambique (aux Portugais) cap. Mozambique, v. pr. Quilimane et Sofala ; — 3° la côte de Zanguebar, v. pr. Zanzibar et Mélinde ; — 4° la côte de Somal ou d'Ajan, cap. Berbera.

6. Parties de l'Afrique sur la côte de la mer Rouge : — 1° L'Abyssinie, cap. Gondar ; la Nubie, v. pr. Kartoum.

7. Afrique centrale : — 1° La Nigritie ou Soudan, v. pr. Ségo, Tombouctou, Kano, Kouka et Vendelli ; — 2° Un vaste plateau inconnu entre la Guinée et le Zanguebar.

4° Amérique du Nord.

1. États principaux de l'Amérique Septentrionale : — 5 États principaux, à savoir : — 1° Le Groenland ; — 2° La Dominion du Canada, Amérique anglaise ou Nouvelle-Bretagne, cap. Ottawa, v. pr. Québec et Montréal ; — 3° Les États-Unis de l'Amérique du Nord, cap. Washington, v. pr. Boston, New-York, Philadelphie, Baltimore, Charleston, la Nouvelle-Orléans et San Francisco ; — 4° le Mexique, cap. Mexico, v. pr. Puebla, Vera-Cruz et Campêche ; — 5° les républiques de l'Amérique Centrale (Guatemala, Honduras, San-Salvador, Nicaragua et Costa-Rica) v. pr. Guatémala, Comayagua, San-Salvador, Managua, San-José.

5° Amérique du Sud.

1. États de l'Amérique du Sud : — 12 États principaux = 1° La république fédérative des États-Unis de la Colombie, cap. Santa-Fé de Bogota, v. pr. Colon et Panama ; — 2° Le Vénézuela, cap. Caracas, v. pr. Maracaïbo ; — 3° L'Équateur, cap. Quito, à quelques minutes sud de la ligne équinoxiale, v. pr. Guayaquil ; — 4° Le Pérou, cap. Lima, v. pr. Le Callao, Cuzco et Aréquipa ; — 5° Le Haut-Pérou ou Bolivie, cap. La Paz, d'Ayacucho, v. pr. Sucre (ou Chuquisaca ou encore Chuquisaca ou encore La Chi...) ; cap. Santiago, v. pr. Valparaiso ; — 7° La Patagonie, peu habitée ; — 8° La République Argentine ou les Provinces-Unies du Rio de la Plata, cap. Buenos-Aires, v. pr. Parana et Rosario ; — 9° L'Uruguay, cap. Monte-Video ; — 10° Le Paraguay, cap. L'Assomption ; — 11° L'empire du Brésil (ancienne colonie portugaise), cap. Rio-Janeiro, v. pr. Para, Pernambouc, et San-Salvador ou Bahia ; — 12° Les Guyanes (Française, Hollandaise et Anglaise), capitales : Cayenne, Paramaribo et George-town.

6° Océanie.

1. Division de l'Océanie : — 3 grandes parties ; 1° La Malaisie ou grand Archipel Indien, Sud-est de l'Indo-Chine ; — 2° L'Australasie ou Mélanésie, au Sud de la Malaisie ; — 3° la Polynésie au Nord et à l'est des deux précédentes.

2. Subdivision de la Polynésie : — Polynésie septentrionale, au Nord de l'Équateur ; — Polynésie méridionale au sud de ce cercle.

3. Principaux groupes de la Malaisie : — 1° Les îles de la Sonde (Sumatra, Java, etc.) ; — 2° la grande île de Bornéo ; — 3° l'île des Célèbes ; — 4° les Moluques ou îles aux Épices ; — 5° les Philippines (Luçon, etc.)

4. Iles et archipels de l'Australasie : — 1° Le continent australien ou Nouvelle-Hollande ; — 2° la terre de Van Diemen ou Tasmanie ; — 3° la Nouvelle-Guinée ; — 4° l'archipel de la Nouvelle-Bretagne ; — 5° les îles Salomon ; — 6° l'archipel Santa-Cruz, de la reine Charlotte ou de la Pérouse ; — 7° les Nouvelles-Hébrides ; — 8° la Nouvelle Calédonie.

5. Principaux groupes de la Polynésie septentrionale : — 1° L'archipel de Magellan (au sud du Japon) ; — 2° les Mariannes ; — 3° les Pelew ; — 4° les Carolines ; — 5° les Marshall ; — 6° les Mulgraves ; — 7° les îles Gilbert ; — 8° les Sandwich ou Hawaii.

6. Principaux groupes de la Polynésie méridionale : — 1° Les îles Fidgi ou Viti ; — 2° les I. Hamoa ou des Navigateurs ou de Bougainville ; — 3° les I. Tonga ou des Amis ; — 4° les I. Mangia ou de Cook ; — 5° les I. Taïti ou de la Société ; — 6° les I. Pomotou ou I. Basses ; — 7° les I. Gambier ; — 8° les I. Noukahiva ou I. Marquises ; — 9° très-loin à l'est : l'île de Pâques ; — 10° au Sud-Est de l'Australie : la Nouvelle-Zélande.